VIELEN DANK!
-
WRITTEN NOTE